MINI CURIOSOS MONTAM

OS dinossauros

MINI CURIOSOS MONTAM

OS dinossauros

CLARICE UBA

Ilustrações:
Lorota

Toyart:
Marcos Paulo Drumond

Lume livros

ÍNDICE

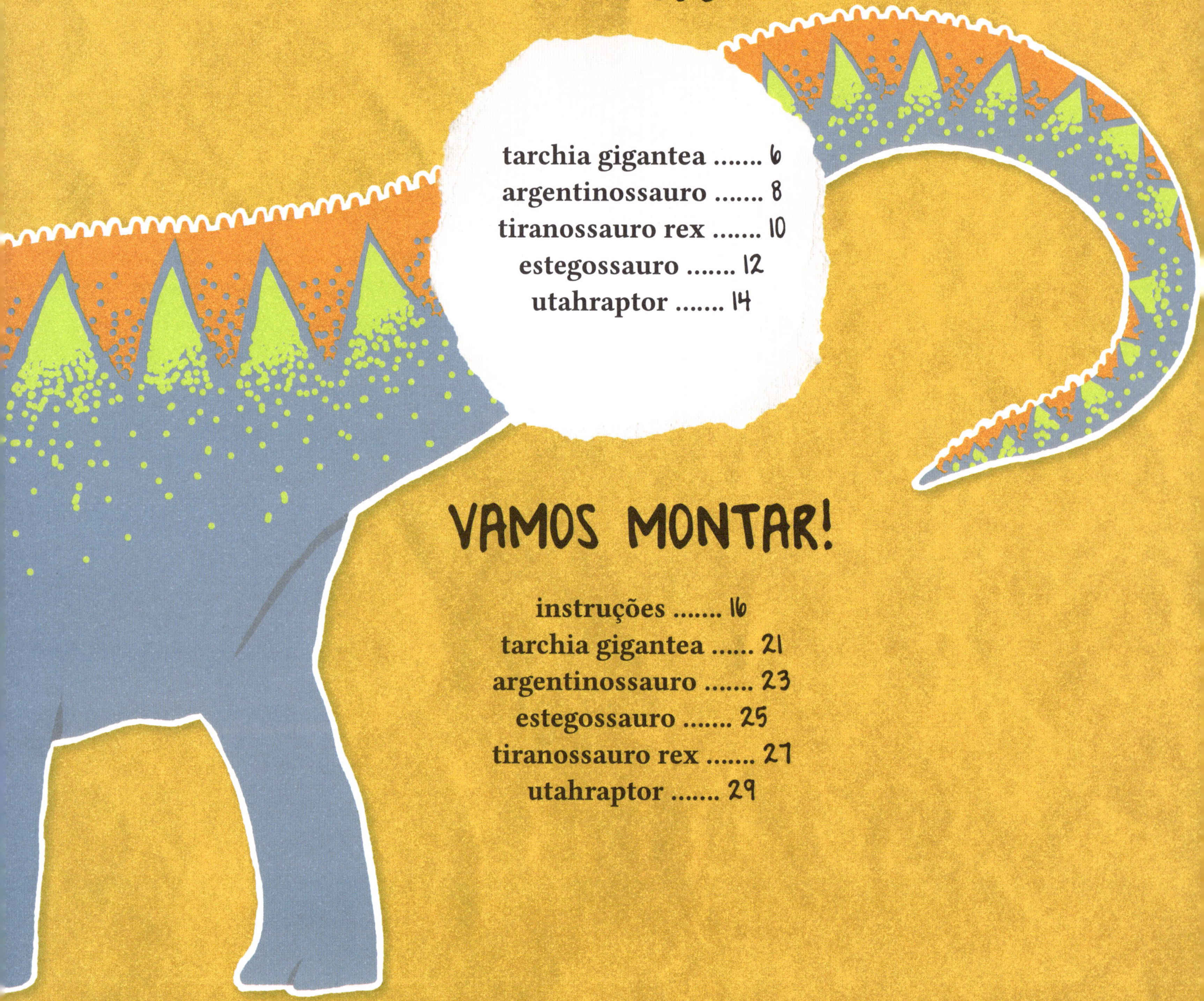

VAMOS MONTAR!

o mundo de antigamente

Muito, mas muito tempo atrás mesmo, não tinha nem gente, nem gato e nem cachorro no mundo. Mas tinha outros bichos, como os dinossauros!

Os dinossauros existiram por muito tempo e não eram todos grandões. Tinha dinos enormes, mas também pequenininhos. Dinos bravos e outros que só queriam comer um folhinha em paz. Dinos que gostavam de andar com um monte de amigos, e outros que queriam mais ficar sozinhos.

Como tinha dinossauro diferente no mundo!

Este livro também é bem diferente: aqui você vai conhecer alguns dinos muito legais que viveram na Terra bem antes da gente e, depois, com a ajuda da família ou dos amigos, pode montar cada um deles também.

vamos começar?

tarchia gigantea

(Viveu entre 75 e 68 milhões de anos atrás.)

O tarchia era um dinossauro bem esquisito, ele parecia uma mistura de besouro e tanque de guerra: baixinho, com uma armadura grossa, vários espinhos e uma marreta na ponta do rabo.

Esse dino vivia no deserto e tinha um bico bem forte e muitos dentes para arrancar e triturar até as plantas mais duras e espinhosas.

O tarchia era um dino que gostava de viver sozinho e, com essa proteção toda que ele carregava, isso não era problema nenhum.

O tarchia é o maior dinossauro com tanta armadura que a gente conhece, ele tinha quase 9 metros de comprimento e pesava mais do que um elefante! Não era fácil atacar esse baixinho - mesmo um comedor de carne grandão tinha que pensar duas vezes, antes de tentar almoçar o tarchia.

argentinossauro

(Viveu entre 100 e 93 milhões de anos atrás.)

O argentinossauro é o maior dino que a gente já achou!

Ele era maior que 3 ônibus parados um atrás do outro, pesava bem mais que 10 elefantes dos grandes e o pescoço dele era mais comprido que os pescoços de 4 girafas juntos.

Ele comia só plantas, e esse pescoço comprido ajudava a pegar as folhas mais altas e as samambaias mais baixas sem ter que se mexer muito.

Esse dino era parte da família dos saurópodes. Todos eles eram enormes e pescoçudos. Ser grande assim é bom porque ninguém quer arrumar briga com você.

Os bebês argentinossauros nasciam bem pequenininhos, só com 5 quilos! Mas, talvez, os argentinossauros gostassem de viver juntos, e os adultos cuidassem dos baixinhos.

tiranossauro rex

(Viveu entre 68 e 65 milhões de anos atrás.)

O tiranossauro foi um dos maiores comedores de carne que já existiu! Ele tinha o peso de um elefante, a altura de uma girafa e o comprimento de um ônibus!

Esse dino tinha uma boca enorme e muito forte. A mordida do T-Rex podia quebrar ossos!

O tiranossauro tinha esses braços pequenininhos porque a cabeça dele era enorme. Se os braços fossem maiores, ele ia cair para frente de tanto peso.

Talvez o tiranossauro tivesse penas pelo menos em uma parte do corpo. Os dinossauros que viraram pássaros são parentes dele.

O tiranossauro podia ser bravo e assustador, mas os bichos que ele caçava também eram enormes, muitos tinham chifres e armaduras e nenhum queria virar lanche de T-Rex.

Os fósseis de tiranossauro que a gente acha costumam ser cheios de machucados que esses dinos sofreram tentando pegar o jantar.

estegossauro

(Viveu entre 155 e 150 milhões de anos atrás.)

O estegossauro é um dino bem famoso. Você já deve ter ouvido falar dele.

Ele era um herbívoro (um bicho que come plantas) do tamanho de um ônibus e mais pesado que um elefante.

Ele não era grandão como o argentinossauro - para se defender dos comedores de carne ele tinha quatro espinhos no rabo. Cada um tinha mais de um metro de comprimento!

Como o estegossauro tinha o pescoço curtinho, só alcançava as plantas que nasciam no chão, o que na época dele eram coisas como samambaias e musgos e, se ele desse sorte, uma fruta caída de uma árvore.

O estego não era um dino muito esperto, o cérebro dele era do tamanho de um cachorro-quente, o que não é nada para um bicho do tamanho dele.

Mas como nenhum outro dinossauro era muito esperto também, ele nem ligava. Vivia bem feliz comendo as plantinhas dele.

utahraptor

(Viveu entre 130 e 125 milhões de anos atrás.)

Esse era um dos dinos mais rápidos que a gente conhece. Um utahraptor podia correr a pelo menos 30 quilômetros por hora.

O utahraptor era o maior dos dinossauros que a gente chama de *raptores*. O primo mais famoso dele, o velociraptor, era do tamanho de um peru!

O utahraptor (e todos os *raptores*) tinha uma unha super comprida e afiada em cada pé. Eles usavam essas super facas para caçar.

Esse dinossauro devia ser sociável e viver em bando com a família e os amigos.

O utahraptor não era o maior carnívoro do pedaço, mas ele era bem inteligente (para um dinossauro) e caçava em grupo. Quer dizer que um dinossauro no caminho deles não tinha que fugir só de um, mas sim de um monte de utahraptores famintos e espertos que sabiam trabalhar como um time.

vamos montar!

Aqui está uma lista do que você vai precisar para montar seus dinossauros!

(E não esqueça de pedir uma ajudinha para algum adulto amigo.)

você vai precisar de:

- BASTANTE CURIOSIDADE!
  isso você já tem, né?
- cola transparente ou cola branca.
- um palito de churrasco ou de fazer unha, sem a ponta (é só bater a ponta no chão).
- um papel (ou revista ou jornal velhos) para proteger a mesa ou o chão.

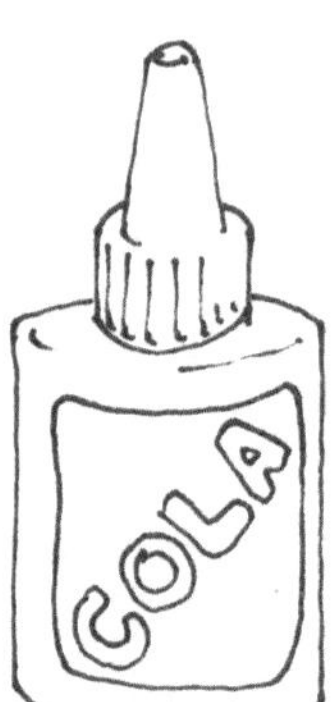

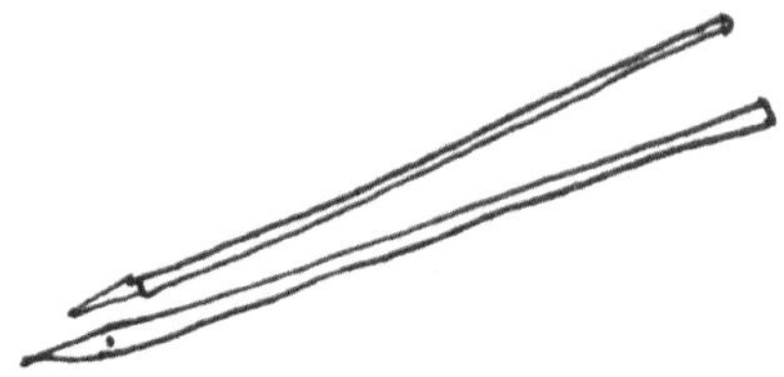
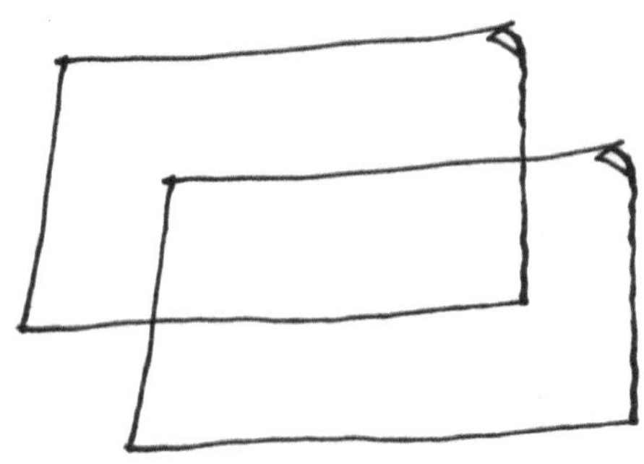

Tudo pronto para começar!

Siga estes passos na ordem para dar tudo certo:

1. Cada um dos dinos vem separado em pecinhas na página, mais ou menos assim. Comece destacando a página que você vai montar.

2. Depois, você vai destacar as peças da página. Você vai ver que onde tem que dobrar já está mais molinho. Reforce um pouco essas dobras, vai ajudar na hora de colar.

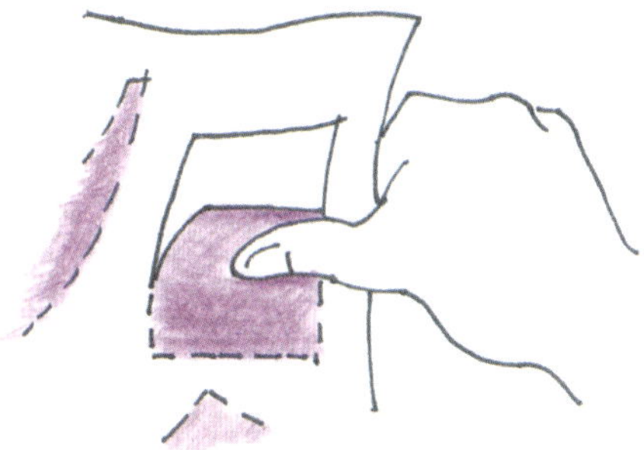

3. Dos dois lados das peças que você separou tem letras com números. Cole o A1 da frente no A1 do verso e continue dessa forma - A2 com A2, A3 com A3 - até a sua peça estar montadinha.
(não esqueça de proteger a mesa com aquele papel!)

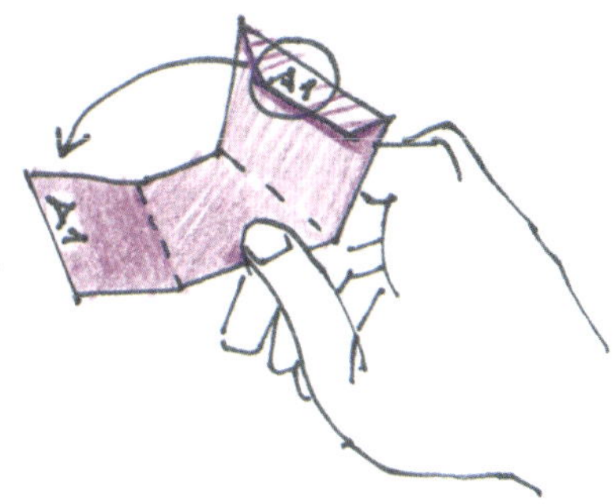

! Dica! Quando você colar duas abas da peça, segure-as juntas até a cola secar bem, e só aí passe para as próximas abas.

4. Você vai notar que sobraram umas abas marcadas com duas letras e um número como, por exemplo, <u>**A+B 1**</u>. Esse é ponto onde a peça "A" vai encontrar a peça "B". Na peça B também tem a mesma marcação, e você vai colar umas nas outras - mas tem uma ordem certa!

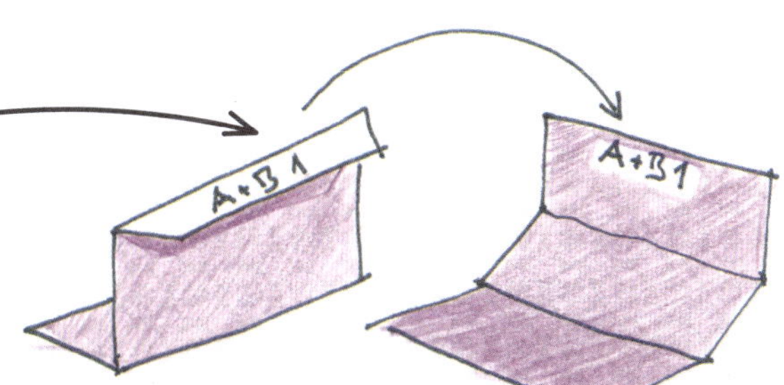

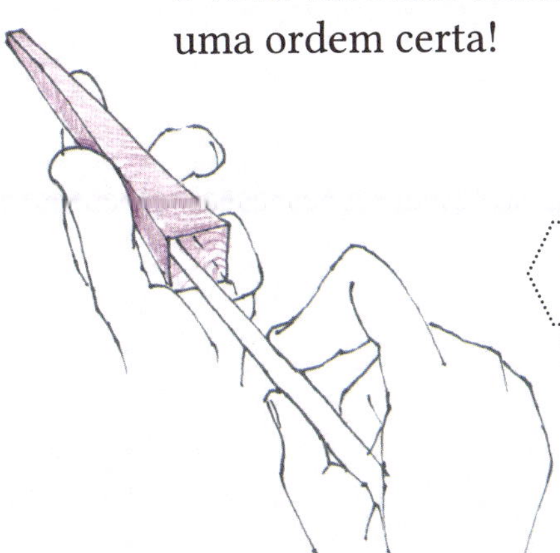

! Dica! Conforme você for fechando a sua peça, pode ficar díficil manter as abas juntas enquanto a cola seca - use o seu palito para alcançar essas abas mais escondidinhas.

Vire a página para continuar.

para juntar tudo:

Agora que você tem todas as peças do seu dino montadinhas, só falta colar umas nas outras para ele ficar pronto.

! Mas atenção, cada dino tem uma ordem certa para unir as peças, como está marcado aqui:

tarchia gigantea

nível de dificuldade: médio

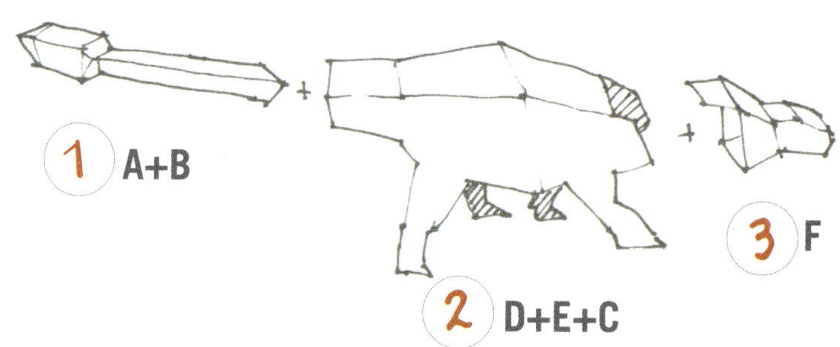

MONTE AS PARTES ASSIM:

1. **RABO:** Cole a peça A na B.
2. **CORPO:** cole a peça E na D e, depois feche com a barriga (C).
3. **CABEÇA:** peça F.

{Com todas as partes do dino prontas, cole primeiro o RABO no CORPO e, depois, a CABEÇA no CORPO.}

argentinossauro

nível de dificuldade: médio

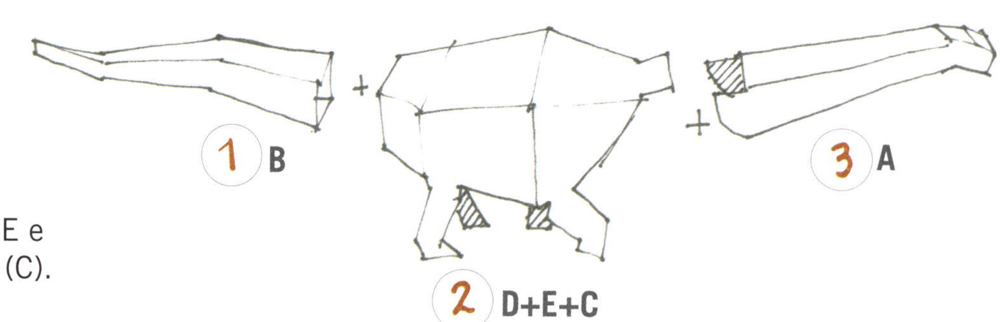

MONTE AS PARTES ASSIM:

1. **RABO:** parte B.
2. **CORPO:** cole a peça D na E e feche com com a barriga (C).
3. **CABEÇA:** peça A.

{Com todas as partes do dino prontas, cole primeiro o RABO no CORPO e, depois, a CABEÇA no CORPO.}

estegossauro

nível de dificuldade: fácil

MONTE AS PARTES ASSIM:

1 **RABO/CORPO:** cole as peça E e F na D. Depois, feche o corpo colando a peça C.

2 **CABEÇA:** cole a peça A na B.

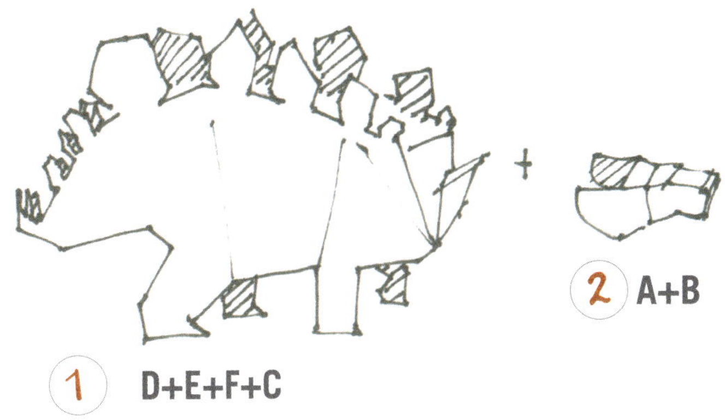

{ Com todas as partes do dino prontas, cole a CABEÇA no RABO/CORPO. }

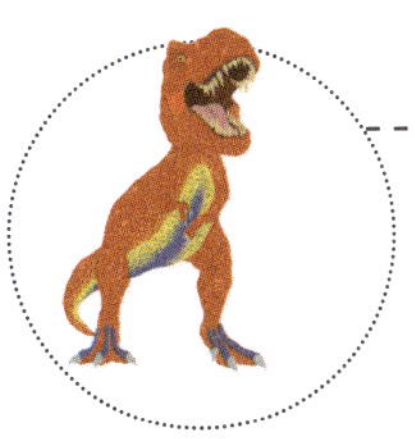

tiranossauro rex

nível de dificuldade: fácil

MONTE AS PARTES ASSIM:

1 **RABO:** peça B.

2 **CORPO:** cole a peça D (os bracinhos) na C.

3 **CABEÇA:** peça A.

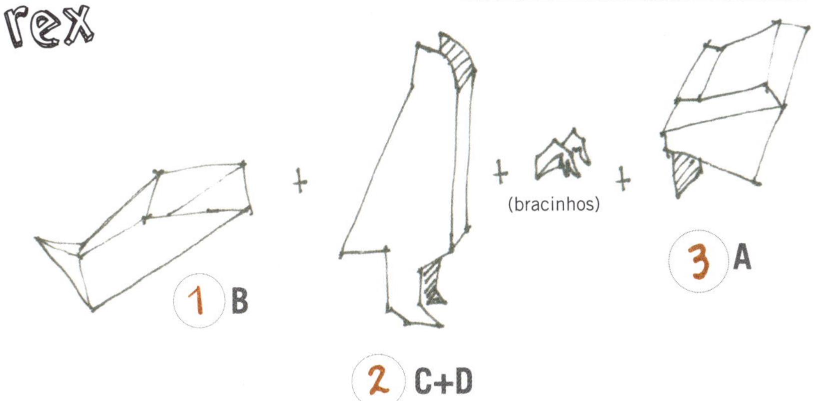

{ Com todas as partes do dino prontas, cole primeiro o RABO no CORPO e, depois, a CABEÇA no CORPO. }

utahraptor

nível de dificuldade: fácil

MONTE AS PARTES ASSIM:

1 **RABO:** parte B.

2 **CORPO:** cole a peça E na D e feche com a barriga (C).

3 **CABEÇA:** peça A.

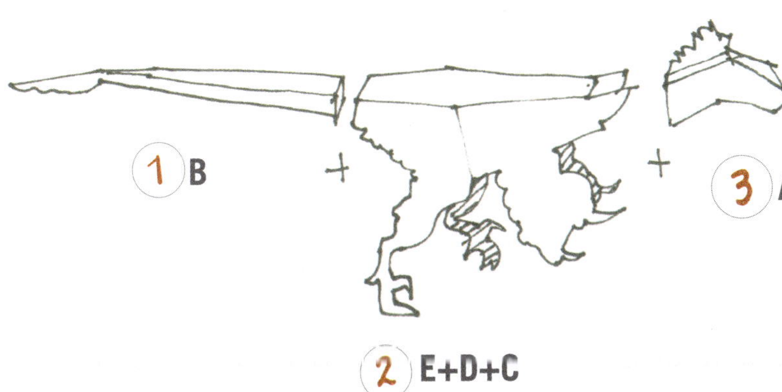

{ Com todas as partes do dino prontas, cole primeiro o RABO no CORPO e, depois, a CABEÇA no CORPO. }

tarchia gigantea

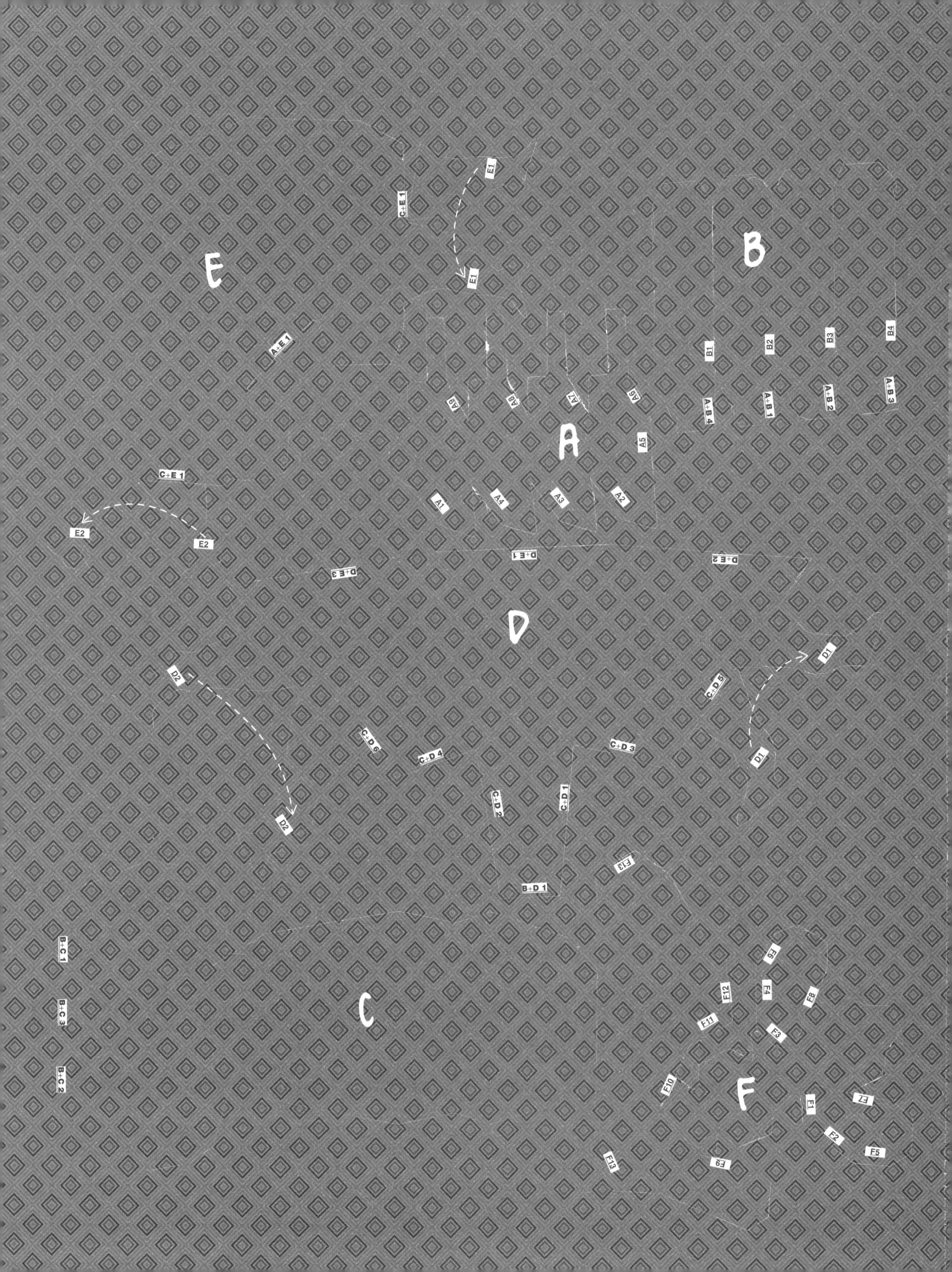
E
B
A
D
C
F
C+E 1
E1
E1
A+E 1
B1
B2
B3
B4
A9
A8
A7
A6
A+B 4
A+B 1
A+B 2
A+B 3
A5
C+E 1
A1
A4
A3
A2
E2
E2
D+E 1
D+E 2
D+E 3
D2
D2
D1
D1
C+D 5
C+D 6
C+D 4
C+D 3
C+D 2
C+D 1
F13
B+D 1
B+C 1
B+C 3
B+C 2
F6
F12
F4
F8
F11
F3
F10
F1
F7
F2
F5
F13
F9

argentinossauro

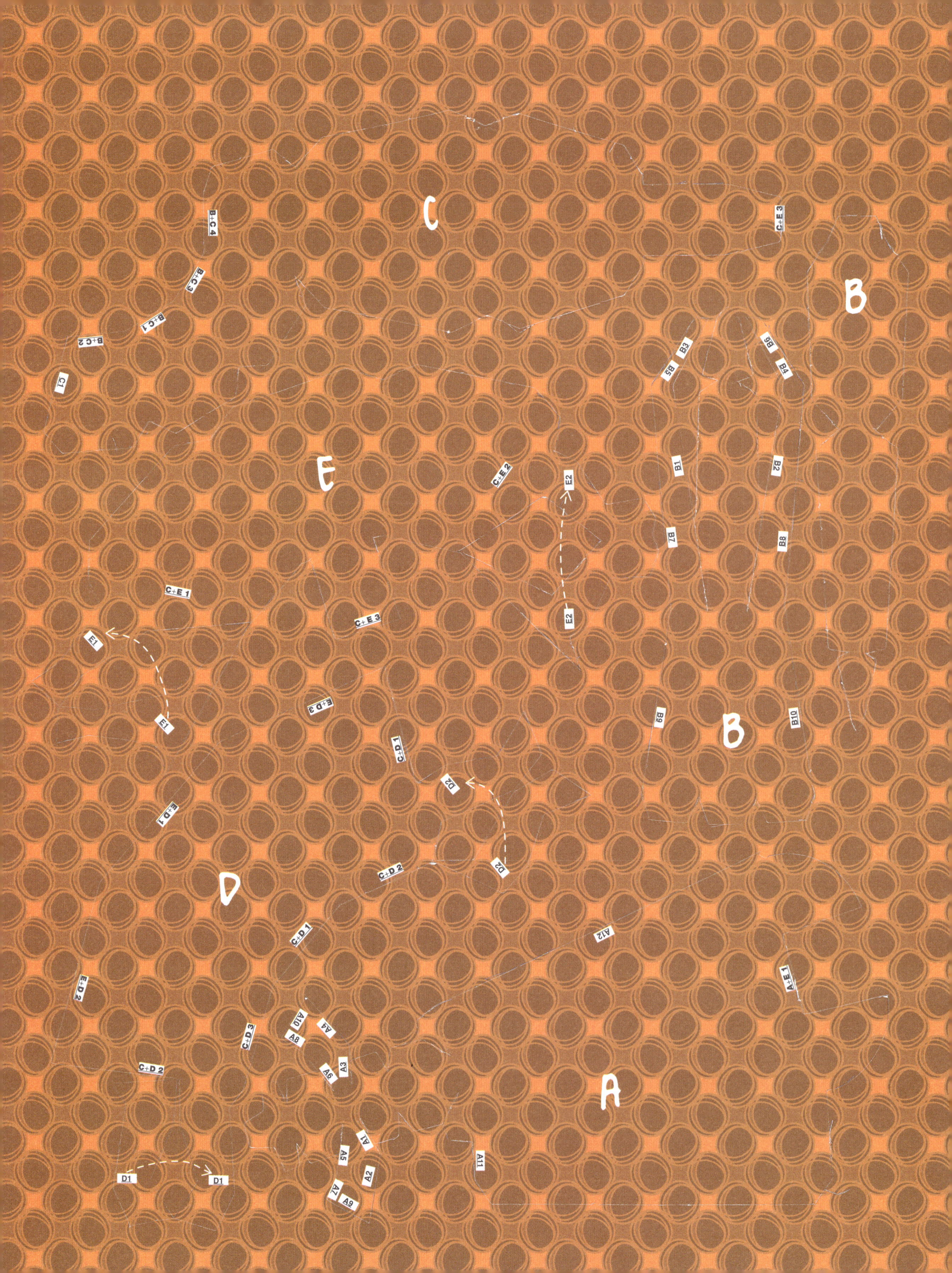

C
B+C 4
B+C 3
B+C 1
B+C 2
C1
C+E 3
B
B3
B5
B6
B4
E
C+E 2
E2
B1
B2
B7
B8
C+E 1
E1
C+E 3
E2
E+D 3
B9
B
B10
C+D 1
D2
E+D 1
C+D 2
D2
D
C+D 1
A12
A+E 1
E+D 2
C+D 3
A10
A4
A8
A3
A6
C+D 2
A
A1
A5
A11
A2
D1
D1
A7
A9

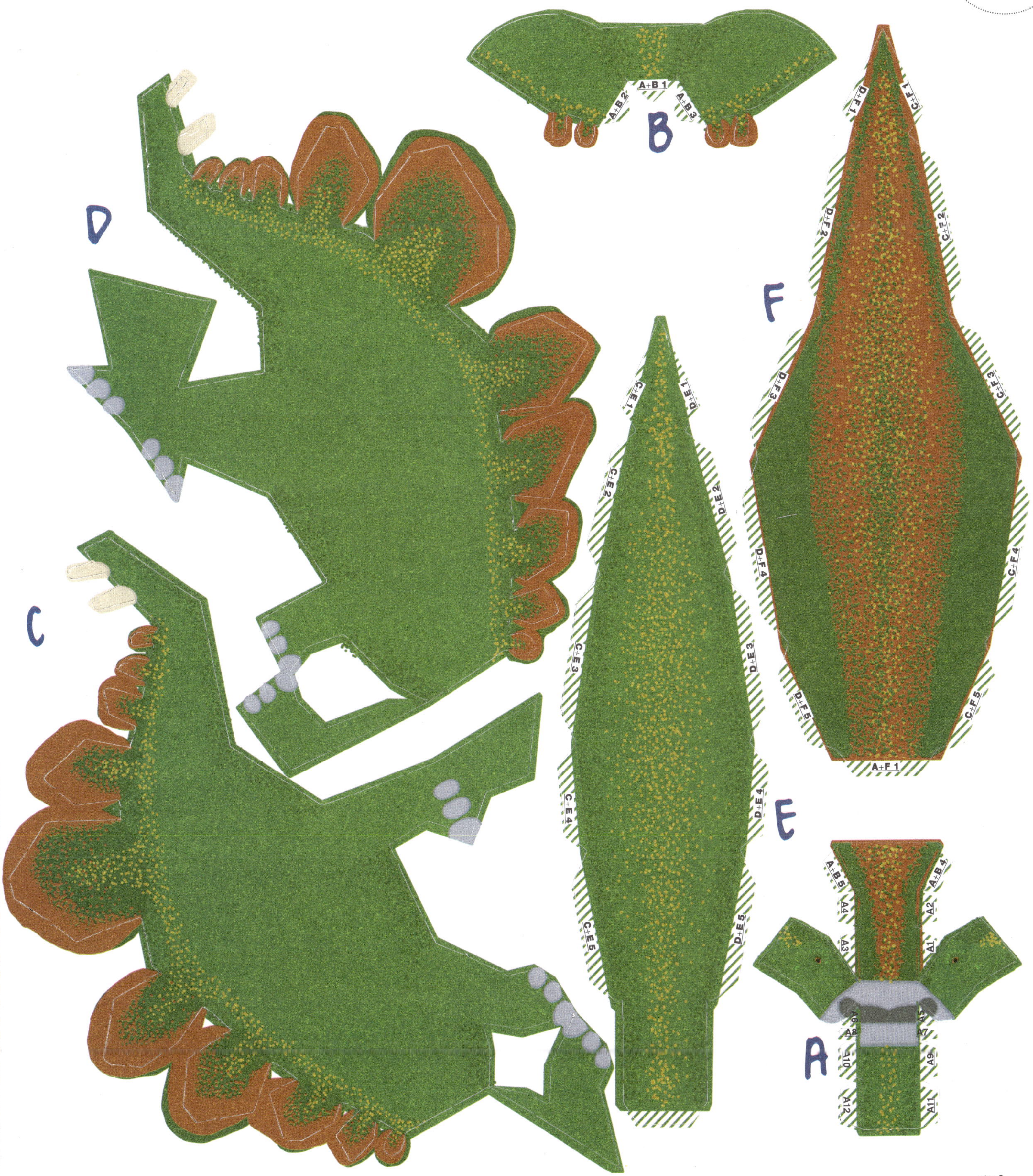
B
A+B 1
A+B 2
A+B 3
D
C
F
D+F 1
C+F 1
D+F 2
C+F 2
D+F 3
C+F 3
D+F 4
C+F 4
D+F 5
C+F 5
A+F 1
E
C+E 1
D+E 1
C+E 2
D+E 2
C+E 3
D+E 3
C+E 4
D+E 4
C+E 5
D+E 5
A
A+B 5
A+B 4
A4
A2
A3
A1
A6
A5
A8
A7
A10
A9
A12
A11

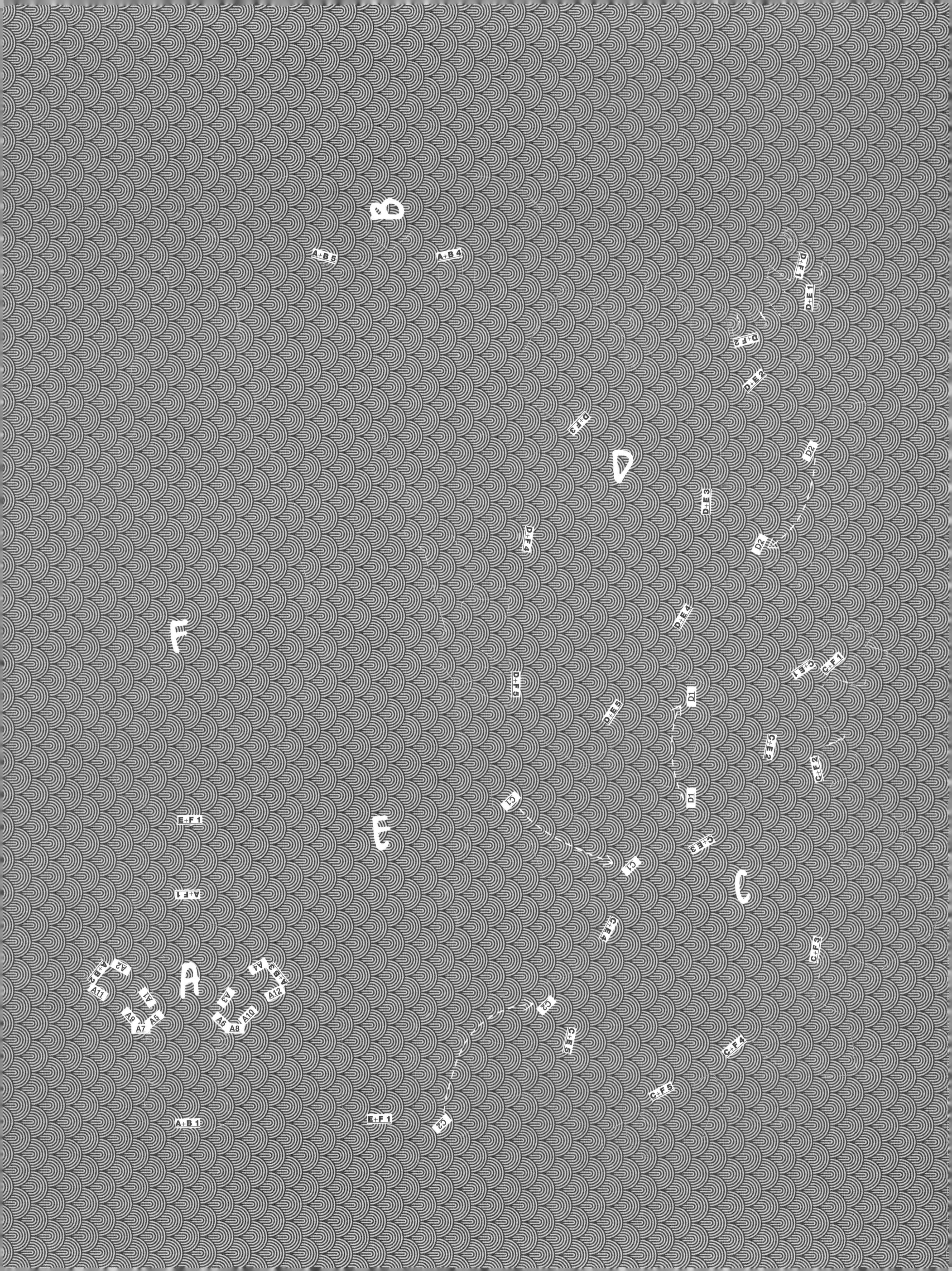
B
A+B 5
A+B 4
D+F 1
D+E 1
D+F 2
D+E 2
D+F 3
D
D2
D+E 3
D+F 4
D2
D+E 4
F
C+E 1
C+F 1
D+F 5
D1
D+E 5
C+E 2
C+F 2
C1
D1
E+F 1
E
C+E 3
C1
C
A+F 1
C+E 4
C+F 3
A2
A+B 2
A11
A
A1
A4
A+B 3
A12
A3
A9
A5
A7
A6
A8
A10
C2
C+E 5
C+F 4
C+F 5
A+B 1
E+F 1
C2

tiranossauro rex

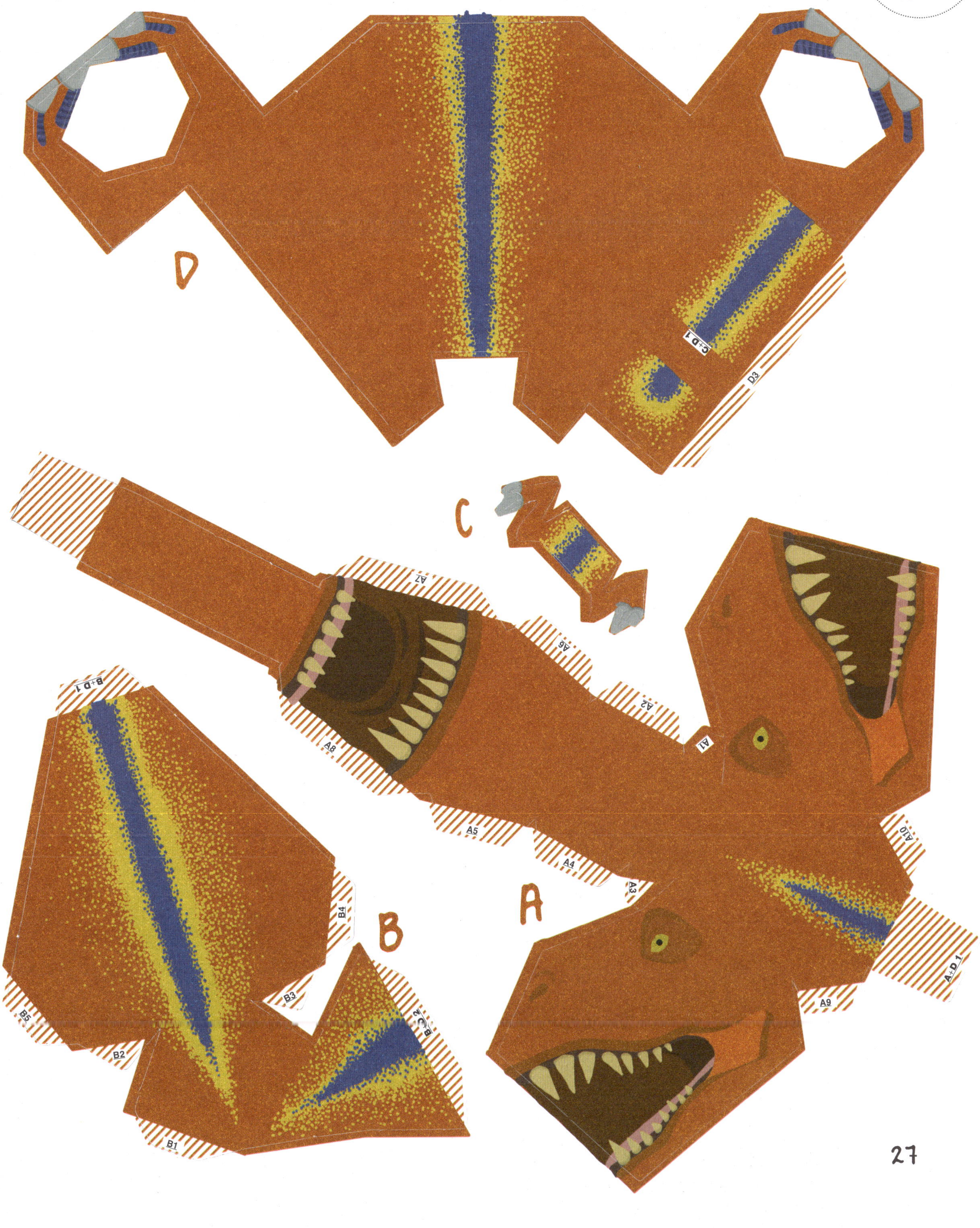

D
C
A
B
A1
A2
A3
A4
A5
A6
A7
A8
A9
A10
A11
B1
B2
B3
B4
B5
D1
D2
D3

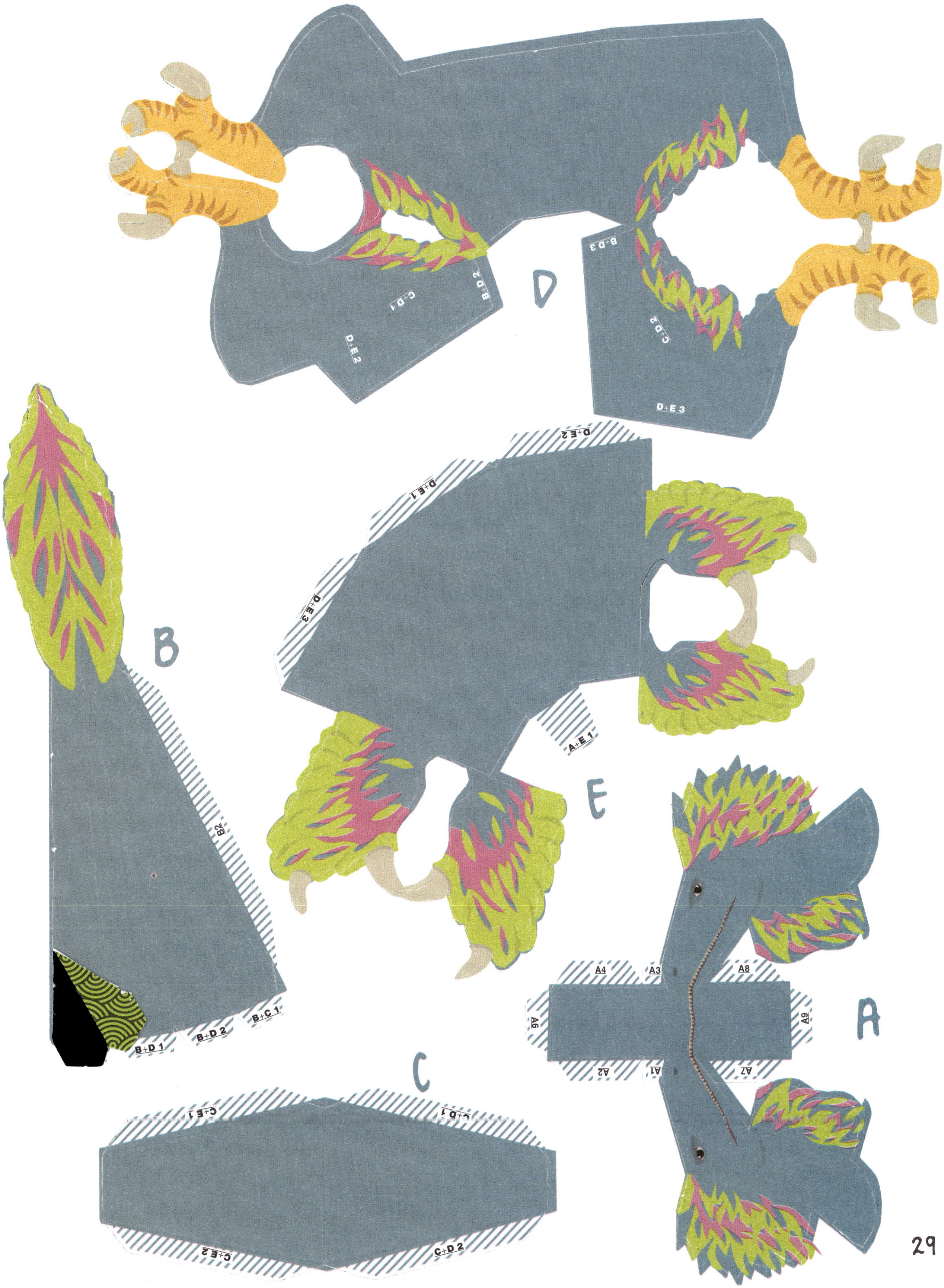
D
C+D 1
B+D 2
D+E 2
B+D 3
C+D 2
D+E 3
D+E 2
D+E 1
D+E 3
A+E 1
E
B
B2
B+D 1
B+D 2
B+C 1
C
C+E 1
C+D 1
C+E 2
C+D 2
A
A4
A3
A8
A6
A9
A2
A1
A7

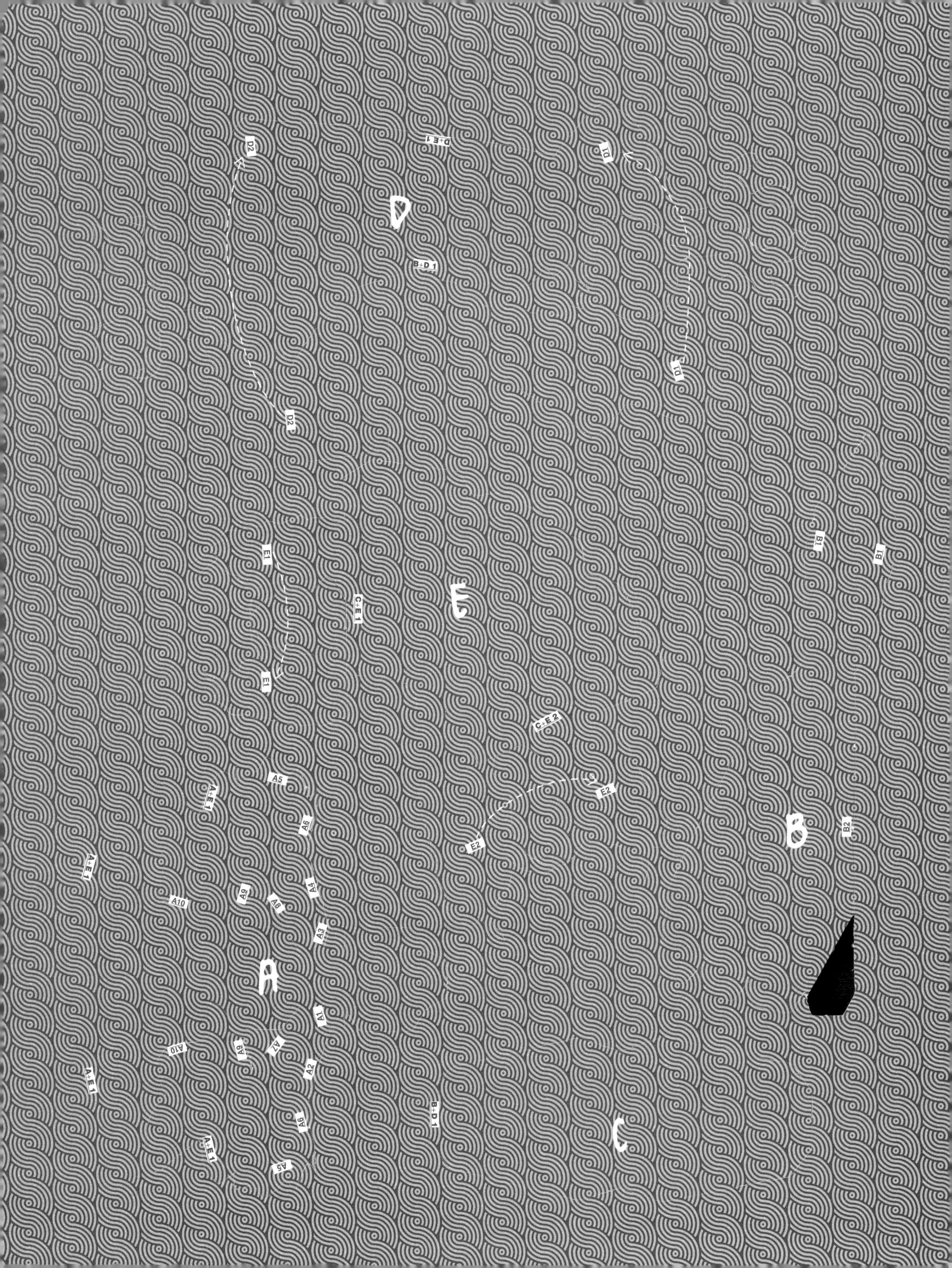
D
D2
D+E 1
D1
B+D 1
E
E1
C+E 1
C+E 2
E2
B1
B2
B
A
A1
A2
A3
A4
A5
A6
A7
A8
A9
A10
A+E 1
C
B+D 1

Texto: Clarice Uba
Ilustrações: Lorota
Toyart dos dinos e instruções: Marcos Paulo Drumond
Projeto gráfico e diagramação: Ainá Calia
Capa: Ainá Calia e Lorota
Revisão de texto: Marina Kater-Calabró

Dados Internacionais de Catalogação na Publicação - CIP

U12

Uba, Clarice
Mini curiosos montam os dinossauros / Clarice Uba. Ilustração de Lorota. Toyart de Marcos Paulo Drumond – São Paulo: Lume Livros, 2016. (mini curiosos montam)
32 p.; Il.

ISBN 978-85-919672-4-7

1.Dinossauros. 2. Literatura Infanto-Juvenil. 3. Arte. 4. Diversidade Animal. 5. Tarchia Gigantea. 6. Argentinossauro. 7.Tiranossauro Rex. 8.Estegossauro. 9.Utahraptor. 10.Dinos. I. Título. II. Os dinossauros. III. Série. IV. Lorota, Ilustradora. V. Drumond, Marcos Paulo, Toyart.

CDU 82-93
CDD 028.5

Catalogação elaborada por Ruth Simão Paulino

Impresso na gráfica RR Donnelley

Primeira edição, Setembro de 2016

Lume Livros Editora Ltda - ME.
Rua Sebastião Rodrigues 303 - Vila Madalena
CEP 05451-060- São Paulo - SP
Tel. +55 11 37914719
contato@lumelivros.com
www.lumelivros.com